Inhaltsverzeichnis

I. Ich bin ich und du bist du
1. Hallo, das bin ich! 2
2. Das kann ich schon gut 3
3. Darin will ich besser werden 4
4. Wie andere mich sehen 5
5. Manchmal bin ich 6
6. Ich bin ein Junge – ich ein Mädchen 7
7. Du bist anders als ich 8

II. Miteinander leben
1. Meine Familie 9
2. Familien sind verschieden 10
3. Einzelkind oder Geschwister 11
4. Familien brauchen Regeln 12
5. Mein bester Freund/ Meine beste Freundin 13
6. Freundschaft ist wichtig 14
7. Echte Freunde – schlechte Freunde 15

III. Streiten ist menschlich
1. Kinder streiten sich 16
2. Wie zeigt sich Streit? 17
3. Streiten ist schlimm 18
4. Muss Streit sein? 19
5. Versöhnen ist wichtig 20
6. Versöhnen kann schwer sein 21

IV. Menschen, die Hilfe brauchen
1. Petra ist verletzt 22
2. Uroma ist sehr alt 23
3. Kinder als Außenseiter 24
4. Kinder in Not 25
5. Kinder mit Behinderung 26
6. Wer braucht Hilfe? 27
7. Helfen bereitet Freude 28

V. Die kleinen menschlichen Schwächen
1. Ist Schwindeln schlimm? 29
2. Lügen lohnt sich nicht 30
3. Sprichwörter über Lügen 31
4. Tim hat gestohlen 32
5. Helen ist eifersüchtig 33
6. Eifersucht schadet 34
7. Eifersucht überwinden 35
8. Auf Sabrina ist Verlass 36

VI. Staunen über die Natur
1. Die Natur ist schön 37
2. Was gehört alles zur Natur? 38
3. Natur kann auch schlimm sein ... 39
4. Wir schädigen die Natur 40
5. Naturschutz als Streitthema? 41
6. Wir sammeln Müll 42
7. Wir helfen der Natur 43
8. Wunschzettel der Natur 44

I. Ich bin ich und du bist du (1)

Hallo, das bin ich!

 Wir basteln ein Klassenmobile.
Fülle die Figur mit deinen Angaben aus. Schreibe in das Stirnband deinen Namen. In die Mitte kannst du ein kleines Bild von dir kleben.

 Male die Kleidung und die Haare passend zu dir farbig aus.

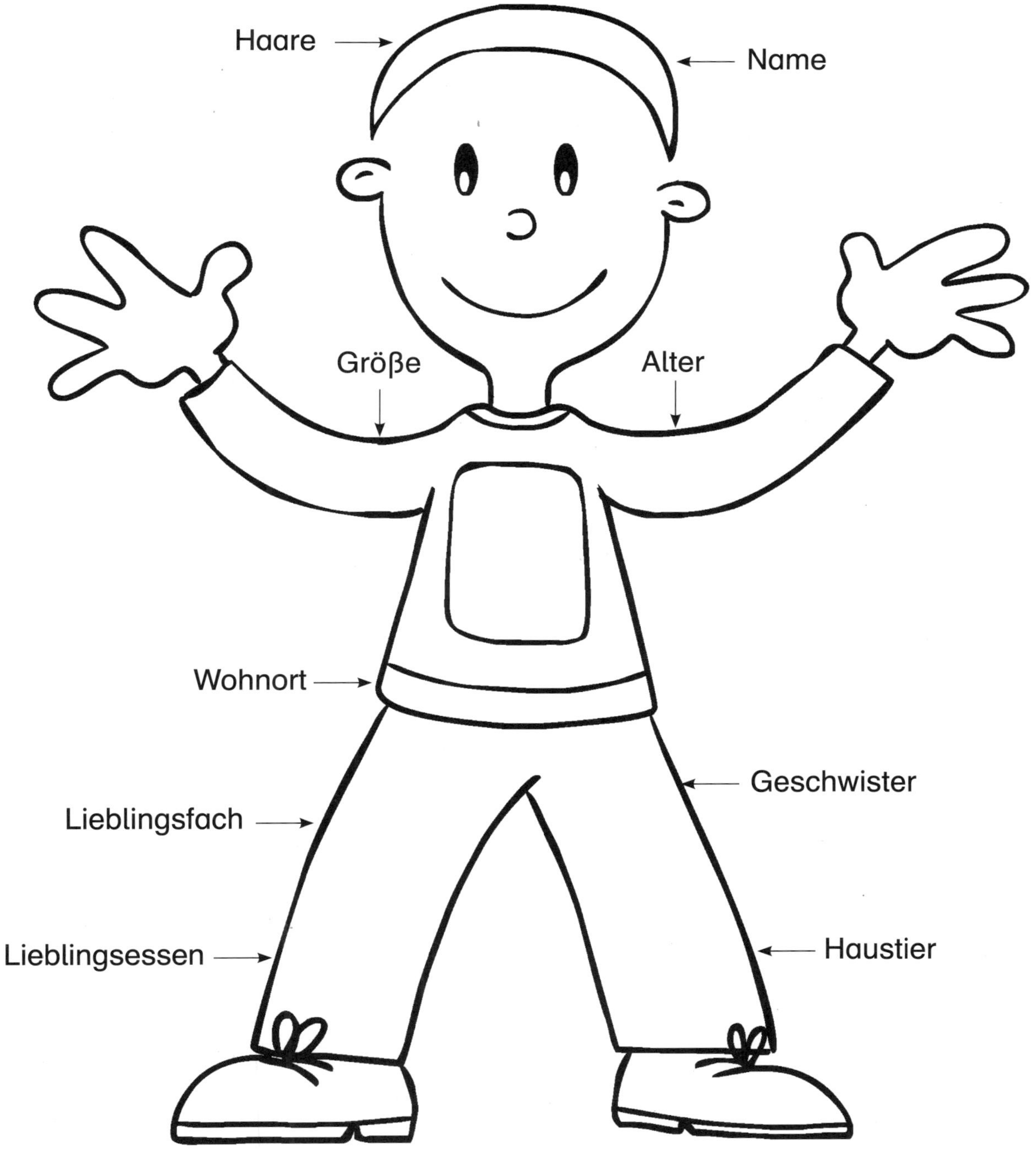

Haare → ← Name

Größe   Alter

Wohnort →

← Geschwister

Lieblingsfach →

Lieblingsessen →   ← Haustier

 Klebe die Figur auf einen Karton und schneide sie aus.
Stellt aus euren Figuren ein Klassen-Mobile oder Gruppentisch-Mobile zusammen.

I. Ich bin ich und du bist du (2)

Das kann ich schon gut

 Ronny ist traurig. Er hat beim Fußball ein Eigentor geschossen. Susi ist betrübt. Sie hat ihre Lieblingstasse fallen lassen. Beide jammern: „Ich kann doch gar nichts." Mutter antwortet: „Das stimmt nicht, du kannst schon viel."

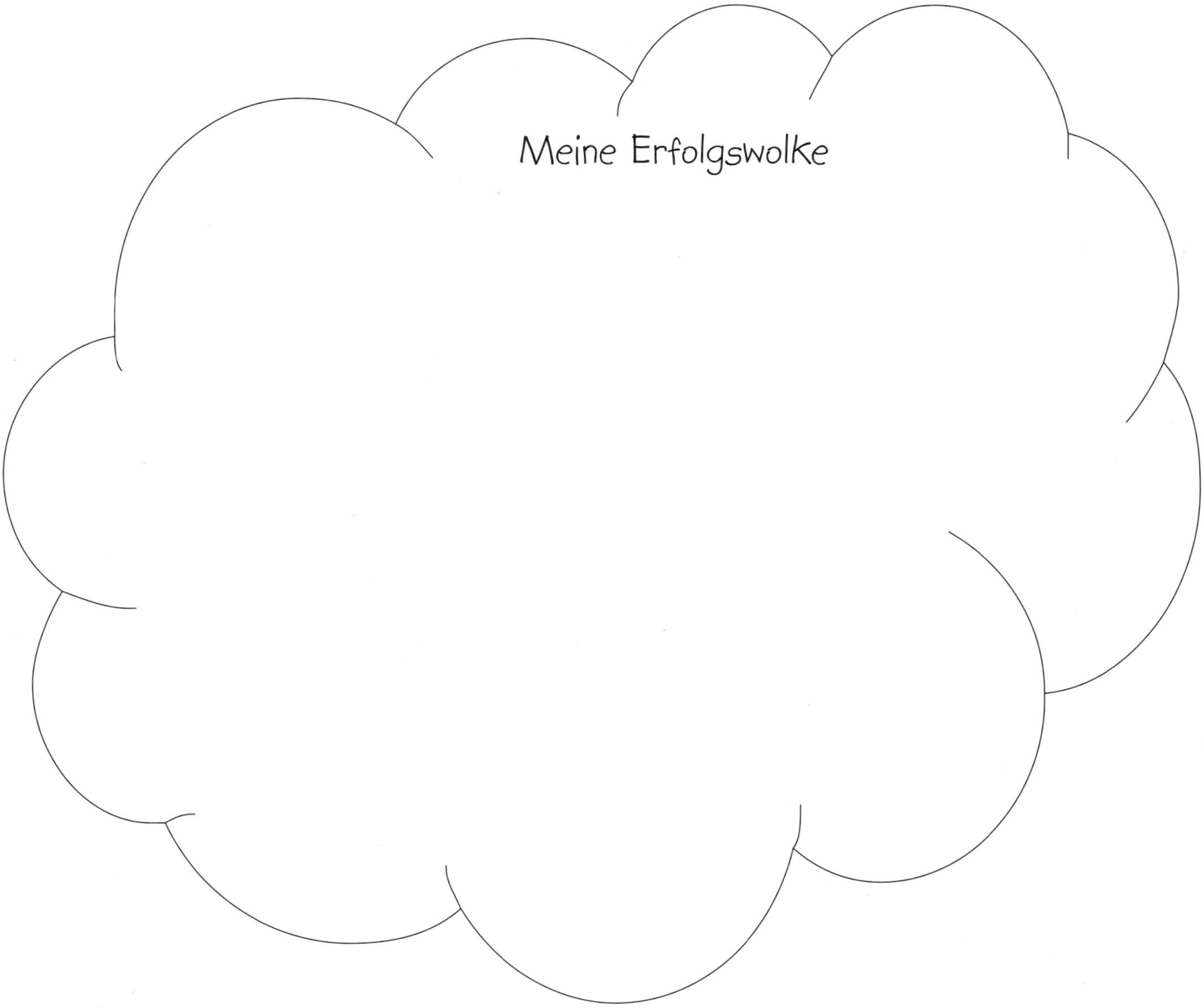

Meine Erfolgswolke

 Besprich mit einem Partner:
- Warum sind Ronny und Susi traurig?
- Was antwortet die Mutter?

 Überlege und male, was du schon besonders gut kannst.

 Stelle deine Erfolgswolke der Klasse vor.

I. Ich bin ich und du bist du (3)

Darin will ich besser werden

„Mama, ich möchte gerne richtig malen lernen", sagt der 7-jährige Fin beim Abendessen zu seiner Mutter. „Aber du kannst doch schon gut malen", entgegnet diese. „Aber Svenja kann es viel besser", erklärte Fin weiter. „Als ich heute mit Ingo Autobahn gespielt habe, malte Svenja, die kleine Schwester von Ingo, ein tolles Bild mit einem Rennauto. Ingo hat das Bild so gut gefallen, dass er es sofort an seine Schrankwand geklebt hat. Ich möchte auch so gut malen können. Kannst du mir zeigen, wie ich es besser machen kann?" Sofort geht Fin ein Blatt und seine Kiste mit den Malstiften holen.

 Arbeite mit einem Partner:
- Erzählt von dem Gespräch beim Abendessen.
- Warum geht Fin Papier und Stifte holen?
- Meinst du, die Mutter könnte ihm helfen?

 Sicher gibt es auch für dich etwas, was du gerne besser können möchtest.
- Suche dir zwei Dinge aus dem Kästchen aus und schreibe sie auf die unteren Linien.
- Fallen dir noch mehr Sachen ein?

> *Fußball spielen*   *schwimmen*   *Inliner fahren*
> *rechnen*   *lesen*   *Diktat schreiben*   *Flöte spielen*
> *schwindeln*   *verzichten*   *bei der Hausarbeit helfen*
> *Zimmer aufräumen*   *Hausaufgaben*   *Computerspiele*

Darin möchte ich besser werden: _____

_____

 Stelle der Klasse vor, worin du gerne besser werden willst.

I. Ich bin ich und du bist du (4)

Wie andere mich sehen

Mutter erzählt Oma Greta:

„Unser Moritz ist immer gut gelaunt. Es fällt ihm aber sehr schwer, beim Essen ruhig am Tisch sitzen zu bleiben".

Moritz ist bei Oma Greta zu Besuch. Er sitzt ruhig am Tisch und wartet, bis alle fertig sind.

Vater erzählt Opa Heinz:

„Unsere Karin ist oft schlecht gelaunt. Sie meckert viel. Manchmal wird sie richtig wütend".

Karin ist bei Opa Heinz im Garten. Oft fragt sie ihn etwas über die Blumen. Obwohl Opa manchmal nicht gut erklärt, bleibt Karin ganz ruhig.

 Lies die beiden Texte, die zusammengehören, nacheinander vor.

 Besprich mit einem Partner:
- Wie werden Moritz und Karin beschrieben?
- Wie verhalten sie sich bei Oma und Opa?
- Warum ist das so? Haben die Eltern gelogen?

 Was würde deine Mutter oder dein Vater über dich erzählen? Schreibe es in Stichworten auf.

_____

Was würde dein Lehrer oder deine Lehrerin sagen?

_____

I. Ich bin ich und du bist du (5)

Manchmal bin ich ...

Stell dir vor, du schaust in den Spiegel und siehst folgendes Gesicht:

 Überlege: Wie fühlst du dich dann? Welche Gründe könnte es dafür geben?

Schreibe sie in die Kästchen.

 Kein Mensch ist immer gleich – auch du nicht. Es gibt Tage, da bist du gut gelaunt. Es gibt Momente, da bist du schlecht gelaunt. Manchmal bist du mutig. Manchmal hast du auch Angst. Vielleicht bist du auch mal gerne alleine. Ein anderes Mal spielst du lieber mit anderen.

 Schreibe eine kleine Geschichte, wo du mutig und eine, wo du ängstlich warst.

Meine kleine Mutgeschichte	**Meine kleine Angstgeschichte**

I. Ich bin ich und du bist du (6)

Ich bin ein Junge – ich ein Mädchen

 Peter und Karin sind Geschwister. Heute kam ein neuer Spielzeugkatalog mit der Post.
Nach dem Mittagessen sitzen beide am Tisch und möchten sich die neuen Spielzeugideen anschauen.
Es gibt Streit, auf welcher Seite sie anfangen möchten.

 Überlege: Warum streiten sich Peter und Karin über die Seiten?

 Schreibe oder male, was Karin als Erstes schauen möchte.
Schreibe oder male, was Peter wohl am meisten interessiert.

Karin schaut zuerst nach:	Peter schaut zuerst nach:

Wie verhält sich ein Junge, wie ein Mädchen? Gibt es da Unterschiede?

 In dem folgenden Kästchen findest du viele Eigenschaften und Beschäftigungen.
Ordne diese nach Jungen und Mädchen und unterstreiche sie mit rot für Mädchen und blau für Jungen.

> weint oft   klettert auf dem Spielplatz   ist mutig
> hilft beim Schrauben   liest gerne Bücher   malt gerne
> hilft im Haushalt   spielt gerne am PC   fährt Fahrrad
> wäscht sich nicht gerne   redet viel   kichert viel

 Sprecht in der Klasse:
- Wo habt ihr unterschiedliche Farben gebraucht?
- Opa sagt, ein Junge weint nicht. Stimmt das?
- Oma meint, Mädchen müssen immer ordentlich angezogen sein.
- Warum bist du gerne ein Mädchen/ein Junge?

I. Ich bin ich und du bist du (7)

Du bist anders als ich

Lesen und Schreiben kann ich nicht,
braun gebrannt ist mein Gesicht.
Täglich bin ich nur am Suchen,
im Müll nach Kleider oder Kuchen.

Schau ich in den Spiegel rein,
sehe ich ein Gesicht ganz fein.
Meine Haare blond und lang,
mit zwei Augen gar nicht bang.

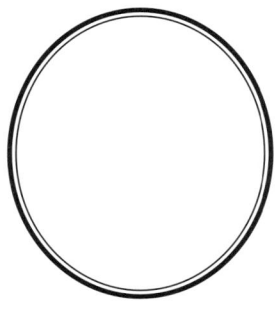

Mein Spiegelbild zeigt gelocktes Haar
die schwarze Haut strahlt wunderbar.
Die weißen Zähne blinken hell,
die Augen blicken flink und schnell.

Eine Hütte ist mein Haus,
barfuß gehe ich hinaus.
Feuer machen mit Holz und Rauch
Wasser holen muss ich auch.

 Lies die 4 Texte über die 4 Kinder.

 Male jedes Kind in die Fläche. Gib ihnen passende Namen.
Beschreibe auch dich und male ein Bild von dir:

 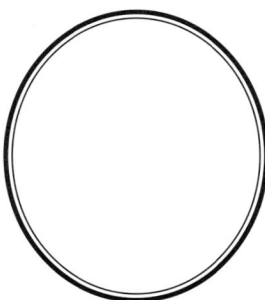

 Sprecht in der Klasse:
- Wo kommen die Kinder her?
- Was ist bei denen anders?
- Was haben alle Kinder gemeinsam?
- Gibt es dich noch einmal?

II. Miteinander leben (1)

Meine Familie

Mama Nicole wird 35 Jahre alt. Sie möchte den Geburtstag mit ihrer **Familie** feiern.

 Überlege: Wer wird wohl zum Fest kommen?
Begründe deine Entscheidung!

Mutter	Vater	Bruder	Schwester
Oma	Opa	Tante	Onkel
Freundin	Freund	Bekannte	Nachbarn

 Schreibe die Namen deiner Familienmitglieder in den Tischkreis.
Du kannst anstelle der Namen auch kleine Passfotos einkleben.
Anschließend kannst du leckere Sachen auf den Tisch malen.

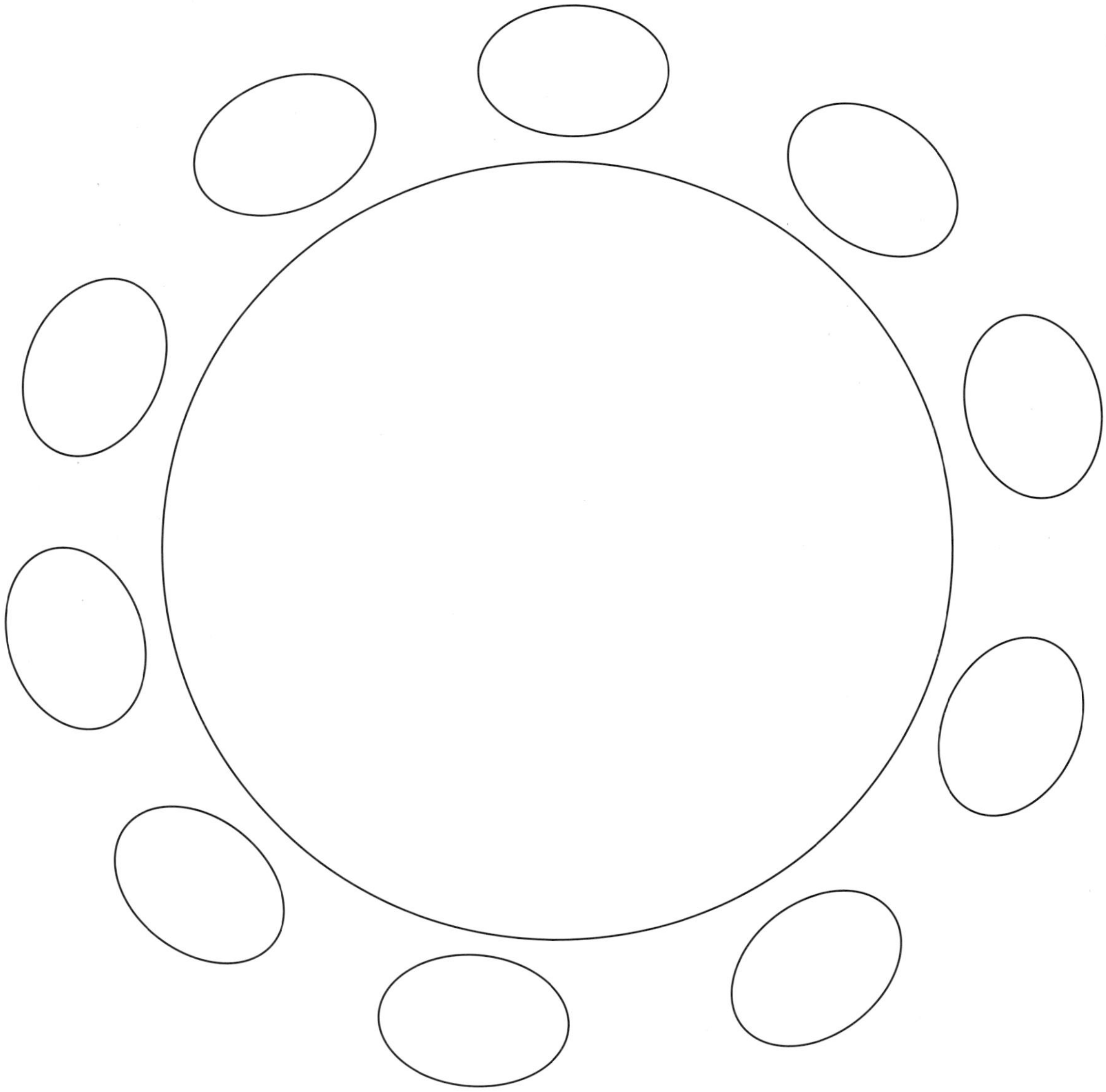

II. Miteinander leben (2)

Familien sind verschieden

 Yvonne lebt mit ihrer Mutter Silke alleine. Ihren Vater sieht sie nur selten. Silke geht in eine Ganztagsschule, weil Mutter bis 16:00 Uhr arbeitet.

Tina lebt zusammen mit ihren Eltern und Bruder Sven. Die Mutter ist mittags immer zu Hause, wenn die Kinder aus der Schule kommen. Ihr Vater arbeitet in der Woche bis zum Abend.

Marina lebt mit ihrer Mutter Regina und deren Freund Joachim mit seinen Jungen Timo und Fin. Regina und Joachim haben noch ein gemeinsames Kind. Regina arbeitet als Lehrerin und Joachim passt auf alle Kinder zu Hause auf.

Zeige, dass die drei Familien ganz verschieden sind.

 Schreibe in das Kästchen, wer zur Familie gehört und was die Eltern machen.

 Was möchtest du von deiner Familie erzählen?

II. Miteinander leben (3)

Einzelkind oder Geschwister

 Holger hat keine Geschwister.
Als es einmal wieder richtig
langweilig zu Hause war, überlegt er:

Hätte ich doch nur einen Bruder.

Susi hat wieder Ärger mit ihrer Schwester.
In ihrem Zimmer überlegt sie:

Wäre ich doch ein Einzelkind ohne Schwester.

 Überlege: Warum möchte Holger einen Bruder haben?

 Schreibe Dinge auf, die sie zusammen machen könnten:

 Überlege Warum möchte Susi ein Einzelkind sein?

 Schreibe Dinge auf, die sie alleine am besten machen kann:

 Sprecht in der Klasse:
- Hast du Geschwister?
  Berichte über schöne und schlechte Erfahrungen mit ihnen.
- Startet eine Rundfrage. Wer hat Geschwister, wer ist alleine? Ihr könnt auch andere Klassen befragen.
- Was ist besser? Einzelkind oder Geschwister?

Winfried Röser: Ethik – 2. Klasse
© Persen Verlag

II. Miteinander leben (4)

Familien brauchen Regeln

 **Nadine motzt:**
Ich darf gar nichts, meine Freundin Lena darf viel mehr als ich. Ich will Lenas Mama als Mama haben. Das darf die Lena alles:

- Hausaufgaben macht sie erst abends.
- Zur Oma braucht sie nicht mitgehen.
- Sie bekommt immer Süßigkeiten, wenn sie will.
- Im Haushalt braucht sie nicht zu helfen.
- Ihren Hasen versorgt die Mutter, sie spielt nur mit ihm.
- Sie darf in ihrem Zimmer essen.
- Fernsehen kann sie, wenn sie Lust hat.
- Sie muss auch nicht so früh ins Bett.
- Wenn etwas kaputt geht, bekommt sie immer etwas Neues. …

 Unterstreiche:
- die Aussagen mit grün, die du für richtig hältst.
- die Aussagen mit rot, die du für falsch hältst.

 Besprich mit einem Partner:
- Warum gibt es Regeln für Kinder?
- Welche Regeln gelten in deiner Familie?
- Schreibt fünf Regeln auf, die ihr beide für wichtig haltet.

1. _____
2. _____
3. _____
4. _____
5. _____

In jeder Familie gibt es für das Zusammenleben und die Aufgaben bestimmte Regeln, an die sich jeder halten soll.

II. Miteinander leben (5)

Mein bester Freund/Meine beste Freundin

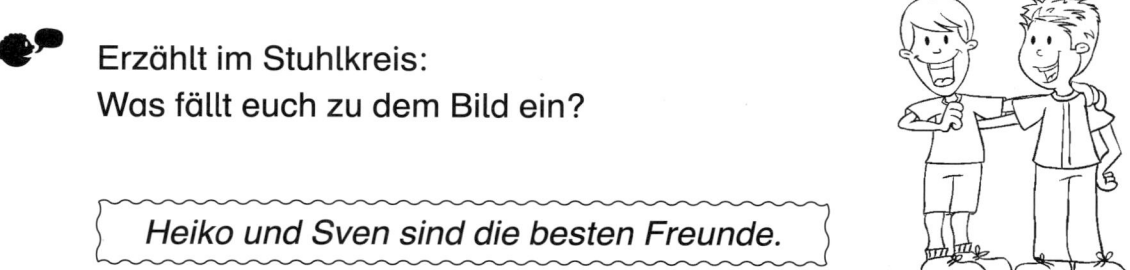

🗨 Erzählt im Stuhlkreis:
Was fällt euch zu dem Bild ein?

Heiko und Sven sind die besten Freunde.

Auch du hast bestimmt einen guten Freund oder eine beste Freundin.
Warum ist dies so?

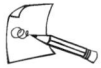 Trage den Namen deines Freundes/deiner Freundin ein.

 Kreuze an, welche Aussage über sie oder ihn richtig ist.

 Ergänze die Sätze.

Mein bester Freund/meine beste Freundin heißt: _____
- ☐ Wir spielen gerne zusammen mit _____.
- ☐ Wir sehen uns nur ganz selten.
- ☐ Wir haben nie Streit über _____.
- ☐ Gestern hat mich mein Freund verpetzt.
- ☐ Wir dürfen auch einmal bei dem anderen _____.
- ☐ Wir können uns gut unterhalten.
- ☐ Mein Freund wird mich nie belügen.
- ☐ Mein Freund hilft mir bei _____.

Male deinem Freund
ein kleines Bild und
schreibe einen
lieben Gruß dazu.
Schneide es aus
und schenke es ihm/ihr.

II. Miteinander leben (6)

Freundschaft ist wichtig

```
krank
im Bett
wer besucht mich,
erzählt, spielt und liest?
Freunde
```

```
wichtig
für jeden
so ist Freundschaft
ehrlich, vertraut, nett, lieb
stimmt
```

```
gemeinsam
jeden Tag
sind wir zusammen
Schule, Pause oder Freizeit
Freunde
```

```
super
ein Freund
ein toller Typ
hilft, spielt, schützt, teilt
immer
```

Überlege: Was wird in den vier Elfchen über Freunde und Freundschaft ausgesagt?

 Unterstreiche die wichtigsten Wörter.

 Arbeite mit einem Partner:
- Vergleicht eure unterstrichenen Wörter.
- Einigt euch auf fünf wichtige Begriffe und schreibt diese auf die Linien:

_____

_____   _____

Freunde

_____   _____

 Jetzt weißt du, warum Freundschaft so wichtig ist.
Schreibe das Elfchen fertig.

Freunde

meine Freunde

_____   _____   _____

_____   _____   _____

Freunde

II. Miteinander leben (7)

Echte Freunde – schlechte Freunde

Lisa soll entscheiden, welches Bild sich besser für eine Ausstellung eignet. Das Bild ihrer Freundin Leona ist schön. Das Bild von Franzi ist noch besser. Aber Lisa mag Franzi nicht so gerne. Wie soll sich Lisa entscheiden?

Hanno fährt mit seiner Mutter am Nachmittag ins Hallenbad und fragt Timo, ob er mit möchte. Timo möchte gerne, hat aber seinem Freund Jochen versprochen, mit ihm zu spielen. Soll Timo ins Schwimmbad fahren?

Tina beobachtet wie ihre Freundin Claudia die neuen Stifte von Sven, den sie nicht leiden kann, in ihr Mäppchen verschwinden lässt. Claudia möchte Tina drei Stifte davon schenken. Soll Tina die Stifte annehmen?

Kreuze an, wie sich ein echter Freund verhalten soll.
Streiche durch, wie sich ein schlechter Freund verhält.

- ☐ Lisa sagt, das Bild von Leona ist besser.
- ☐ Lisa sagt, das Bild von Franzi ist schöner.
- ☐ Lisa erklärt Leona, warum sie das Bild von Franzi auswählt.
- ☐ Timo sagt Hanno ab und geht zu Jochen.
- ☐ Timo fährt mit ins Hallenbad und lässt Jochen sitzen.
- ☐ Timo fragt Jochen, ob er ihn morgen besuchen kann.
- ☐ Tina nimmt die Stifte an.
- ☐ Tina will die Stifte nicht, da sie gestohlen sind.
- ☐ Tina sagt, dass Claudia die Stifte zurückgeben soll.

Erzählt im Stuhlkreis:
- Was hast du angekreuzt und warum?
- Was fällt euch zu folgenden Sätzen ein?

Ein schlechter Freund ist wie eine Fahne im Wind.

Ein guter Freund ist wie eine feste Burg.

III. Streiten ist menschlich (1)

Kinder streiten sich

Zwei Geschichten zum Streit:

> Steffi hatte sich sehr auf den Samstag gefreut. Mutter hatte versprochen mit ihr und Susi, der kleinen Schwester, ins Schwimmbad zu gehen. Susi hat am Morgen in die Hose gemacht. Mutter wurde ärgerlich und böse und sagte: „Zur Strafe gehen wir heute nicht schwimmen." Steffi ist sauer auf Susi – die beiden haben Streit.

> Arian hat ein neues Handy. Stolz zeigt er es in der Klasse. Rudi stuppst den dicken Sven an, der fällt auf Arian und das Handy liegt auf dem Boden. Eine Klappe ist abgebrochen. Arian ist wütend und schreit: „Mit dir habe ich jetzt für immer Streit."

 Erzähle einem Partner die beiden Geschichten nach.
- Warum haben Steffi und Arian Streit?
- Hast du auch schon einmal Streit gehabt?

 Schreibe es auf!

> Ich hatte auch schon Streit, weil ich …
> _____
> _____
> _____

Male ein Streitbild.

Erzählt über eure Streitfälle im Stuhlkreis.
Hört genau zu und stellt Fragen zu den Fällen.

III. Streiten ist menschlich (2)

Wie zeigt sich Streit?

 Arbeite mit einem Partner:
- Erzählt zu dem Bild. Denkt euch eine Geschichte dazu aus.
- Hast du auch schon mal jemanden beschimpft? Berichte!

Streit zeigt sich oft in Worten und Handlungen:

Faust ballen   anrempeln   du Muttersöhnchen   lange Nase
du hohle Nuss   Bein stellen   heimlich kneifen
Stinkefinger   Vogel zeigen   wegschauen   Sachen verstecken
du Eierkopf   du faule Sau   Hintern entgegenstrecken   schlagen

 Unterstreiche typische **Streitworte** rot, **Streitzeichen** grün und **Streitverhalten** blau.

 Macht die Streitzeichen vor und überlegt, was sie bedeuten. Spielt einige kurze Szenen, in denen Streit herrscht.

 Fallen dir noch andere Streithandlungen oder Streitworte ein? Dann schreibe sie auf:

Streitworte	Streitzeichen	Streitverhalten

III. Streiten ist menschlich (3)

Streiten ist schlimm

So schauen oft Menschen, wenn sie Streit haben:

> ängstlich   schadenfroh   schmollend   traurig   wütend
> erstaunt   erschrocken   ernst   grimmig

Schreibe das passende Wiewort unter den entsprechenden Gesichtsausdruck.

Fällt dir noch ein Gesicht ein, das man beim Streit sehen kann?
Male es auf.

Wenn Kinder oder Erwachsene Streit haben, fühlen sie sich oft schlecht. Davon erzählt die Geschichte der kleinen Hanna.

Hanna hat mit ihrer Schwester Nicki Streit. Immer, wenn Hanna Nicki sieht, schaut sie weg. Wird sie gefragt, gibt sie keine Antwort. Nickis Lieblingsbär hat sie versteckt. Hanna fühlt sich alleine, als Nicki mit anderen Kindern spielt. Ihr ist langweilig, aber sie fragt nicht, ob sie mitspielen darf. Zu nichts hat sie Lust, selbst Fahrradfahren ist blöd. Wenn sie an den Abend denkt, bekommt Hanna Bauchschmerzen. Sie hat immer gemeinsam mit Nicki Prinzessin Lillifee geschaut.

Unterstreiche im Text, wie Hanna sich fühlt.

Besprich mit einem Partner:
- Warum fühlt sich Hanna wohl so komisch?
- Ist das oft bei Streit so?

III. Streiten ist menschlich (4)

Muss Streit sein?

> Gregor ist stolz auf seine neuen Glitzerstifte. Er zeigt sie in der Klasse und malt den ganzen Morgen damit. Nach der Pause sind die Stifte verschwunden. Sein Nachbar Tom hat sie versteckt.
> Die anderen Kinder lachen, als Gregor sich beim Lehrer beschwert. Tom verrät das Versteck. In der nächsten Pause schubst Gregor Tom. Tom erzählt es dem Lehrer und Gregor bekommt eine Strafe.
> Er ist wütend. Am Nachmittag …

Spielt die Geschichte in der Klasse nach.

Arbeite mit einem Partner:
- Wie könnte der Streit weitergehen?
- Schreibt dies in Stichworten auf.

So könnte der Streit weitergehen:
Gregor

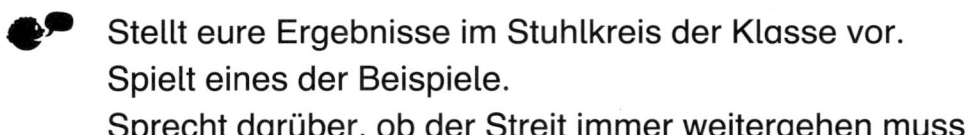

Stellt eure Ergebnisse im Stuhlkreis der Klasse vor.
Spielt eines der Beispiele.
Sprecht darüber, ob der Streit immer weitergehen muss.

Nein, Streit muss nicht weitergehen!

Was könnte Gregor unternehmen, um den Streit zu beenden?

Was könnte Tom unternehmen, um den Streit zu beenden?

III. Streiten ist menschlich (5)

Versöhnen ist wichtig

Lara hat Streit mit Jenny. Vor dem Streit haben sich die beiden gut verstanden. Lara möchte sich gerne mit Jenny versöhnen. Sie überlegt, was sie sagen oder machen kann:

- Ein Geschenk für Jenny?
- Ich könnte ein Herz malen.
- Ich male ihr ein Bild.
- Ich leihe ihr meinen Lieblingsstift.

- „Entschuldige du dich zuerst!"
- „Lass uns wieder Freunde sein!"
- „Ich will keinen Streit mehr mit dir!"
- „Tut mir leid!"

- Ich zeige ihr einen Vogel.
- Ihr die Hand geben?
- Anlachen?

Unterstreiche die Überlegungen, mit denen du einverstanden bist. Begründe, warum du dies gut findest.

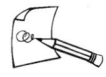

Hast du selbst eine Idee? Dann kannst du sie dazuschreiben.

Spielt im Stuhlkreis, wie sich Lara mit Jenny versöhnen könnte.
- Reicht es, wenn nur Lara zur Versöhnung bereit ist?
- Warum ist Versöhnen eigentlich wichtig?

Male die beiden Symbole mit einer passenden Farbe aus.

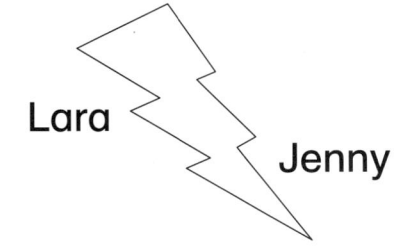

Lara — Jenny

Lara und Jenny

Nur wenn Menschen sind versöhnen, können wir friedlich miteinander leben.

III. Streiten ist menschlich (6)

Versöhnen kann schwer sein

Als Katrin aus der Schule kommt, findet sie in ihrem Lesebuch den folgenden Brief:

> Liebe Katrin,
>
> Ich finde es schlimm, dass wir Streit haben. Ich möchte mich wieder mit dir vertragen.
>
> Wenn du einverstanden bist, dann schreibe mir zurück.
>
> Ich warte und freue mich schon.
>
> Deine Jule

Besprich mit einem Partner:
- Was steht in dem Brief?
- Warum hat Jule den Brief in das Lesebuch gelegt?
- Wäre es besser, Katrin selbst anzusprechen?
- Wie hättest du dich als Jule verhalten?
- Was soll Katrin machen?

Katrin entscheidet sich, Jule zu schreiben.
Schreibe du jetzt diesen Brief und gestalte ihn.

> Liebe Jule,

IV. Menschen, die Hilfe brauchen (1)

Petra ist verletzt

Arbeite mit einem Partner:
- Schaut euch das Bild an und sprecht darüber.
- Was könnte dort passiert sein?

Das ist passiert:
Uwe rast immer mit seinem Fahrrad, meistens ohne Helm. Als er um eine Ecke biegt, stößt er mit Petra zusammen. Petra fällt um und schlägt mit dem Kopf auf den Bürgersteig. Uwes Knie bluten. Heiner und Svenja haben alles beobachten und laufen herbei.

Schreibe die richtigen Namen der Kinder in die Kästchen.
Was sollen Heiner und Svenja jetzt machen?
Nenne mehrere Möglichkeiten!

Erzähle mit deinem Partner:
- Hast du auch schon einmal eine solche Situation erlebt?
- Wie könnte die Geschichte weitergehen?

(Abschnitt wegklappen)

So geht es weiter:
Heiner legt seine Jacke vorsichtig unter den Kopf von Petra. Svenja läuft zu dem nächsten Haus. Die Frau ruft einen Krankenwagen.

Sprecht in der Klasse:
- Haben Heiner und Svenja richtig reagiert?
- Warum ist es wichtig zu helfen?
- Welche Nummer sollte man für den Notruf kennen?
- Was sollte man der Leitstelle berichten?

IV. Menschen, die Hilfe brauchen (2)

Uroma ist sehr alt

Uroma Katarina kann nicht mehr ohne Stock gehen.
Sie war einkaufen und möchte die Straße überqueren.
Da sieht sie Bernd und spricht ihn an:

> Hallo Bernd, hilfst du mir bitte über die Straße? Die Tasche ist so schwer und es ist so viel Verkehr.

Fülle die Sprechblase aus.

Überlege:
- Warum ist das Überqueren der Straße für die alte Frau schwierig?
- Was ist mit ihrer schweren Einkaufstasche?

Wo brauchen alte Menschen sonst noch Hilfe?
Zähle einige Beispiele auf:

Was kannst du tun, um alten Menschen zu helfen? Kreuze an!

- [ ] Ich gehe für sie einkaufen.
- [ ] Ich begleite sie ins Geschäft.
- [ ] Alte sollen mit dem Taxi fahren.
- [ ] Ich besuche sie öfter.
- [ ] Alte Leute meckern oft.
- [ ] Sie sollen alleine einkaufen gehen.
- [ ] Ich trage ihnen die schwere Tasche.
- [ ] Ich bringe den Abfall runter.
- [ ] Sie können immer fernsehen.
- [ ] Ich höre ihnen gerne zu.

IV. Menschen, die Hilfe brauchen (3)

Kinder als Außenseiter

Nico soll in der Schule vorlesen.
Er stottert, die Kinder lachen ihn aus.
Einen Tischnachbarn hat er nicht.
In der Pause ist er ganz alleine.

Sonja trägt alte Kleidung.
Ihre Haare sind meistens fettig.
Keiner will mit ihr spielen.
Sie ist oft traurig und weint.

Hassan sieht anders aus,
dunkle Haare und braunes Gesicht.
Man sagt, dass er immer schlägt.
Man lässt ihn einfach alleine stehen.

Suche dir ein Kind aus und male ein Bild dazu.

Besprich mit einem Partner:
- Was ist ein Außenseiter?
- Warum sind Nico, Sonja und Hassan Außenseiter?
- Wie fühlt sich ein Außenseiter?

Male ein Bild, wie du Nico, Sonja oder Hassan helfen könntest. Schreibe es in einem Satz auf.

IV. Menschen, die Hilfe brauchen (4)

Kinder in Not

🗨 Besprecht, was es bedeutet arm zu sein.

Arme Kinder haben oft nichts zum Spielen.
Sie haben keine Süßigkeiten und wenig Kleidung.
Wir packen in der Klasse für diese Kinder so viele Schuhkartons
voller Überraschungen, wie wir einsammeln können.

💭 Überlege:
- Was würdest du für ein armes Kind von deinen Spielsachen abgeben?
- Welche Anziehsachen könntest du ihm schicken?
- Welche Süßigkeiten sollen in den Karton?

✏️ Zeichne deinen Schuhkarton mit Inhalt zum Verschenken.

📝 Schreibe etwas an das andere Kind.

Liebes Mädchen / Lieber Junge,

_____

_____

_____

_____

Winfried Röser: Ethik – 2. Klasse
© Persen Verlag

IV. Menschen, die Hilfe brauchen (5)

Kinder mit Behinderung

Setzt euch in einem großen Halbkreis vor die Tafel. Einem Schüler werden die Augen verbunden. Dieser soll jetzt zur Tafel gehen und ein Haus malen.

Beobachtet genau, was passiert. Wiederholt das Experiment.

Besprecht im Kreis:
- Warum ist dies so schwer für den Schüler?
- Ist es einfacher, wenn ein anderer Schüler hilft?

Leiht einen Rollstuhl oder Buggy aus. Beginnt auf dem Schulhof: Einer von euch setzt sich hinein und soll jetzt versuchen die Toilette und den Klassenraum zu erreichen.

Beobachtet genau, was passiert. Wiederholt das Experiment.

Besprecht im Kreis:
- Warum ist dies so schwierig oder vielleicht recht einfach?
- Ist es einfacher, wenn ein anderer Schüler hilft?

Wenn du nicht sehen kannst oder im Rollstuhl sitzen musst, sind viele Dinge für dich nicht mehr so einfach möglich.

Schreibe auf, was du nicht machen kannst.

Ein blindes Kind	Ein Kind im Rollstuhl

Besprich mit einem Partner:
- Wie kannst du einem solchen Kind helfen?
- Wie können die Eltern das Kind unterstützen.
- Was müsste zu Hause, in der Schule oder auf der Straße anders sein?

Male ein großes Bild, wie einem behinderten Kind geholfen werden kann. Hängt die Bilder in der Klasse auf.

IV. Menschen, die Hilfe brauchen (6)

Wer braucht Hilfe?

Pascal ist ein richtiger Angeber. Gestern hat er im Ethikunterricht gesagt: „Ich bin schon groß und selbstständig. Ich brauche keine Hilfe. Ich kann alles alleine."

Besprich mit einem Partner:
- Was meinst du zu der Aussage von Pascal?
- Was kann er schon? Bei welchen Tätigkeiten braucht er Hilfe?

Alle Menschen, Kinder, Jugendliche, Erwachsene und Alte, brauchen ab und zu Hilfe.

Scheibe jeweils eine Situation auf, in welcher der Betroffene Hilfe benötigt.

Vater	_____
Mutter	_____
Bruder	_____
Schwester	_____
Lehrer	_____
Freund	_____
Polizist	_____
Bademeister	_____

Kein Mensch kann ohne Hilfe leben!

IV. Menschen, die Hilfe brauchen (7)

Helfen bereitet Freude

Das haben wir aber gut gemacht, freuen sich Eva und Jakob.

- Wir haben einen lustigen Streich gespielt.
- Wir haben heute alles vergessen.
- Wir haben das Spiel gewonnen.
- Wir haben uns gut versteckt.
- Wir haben richtig gut geholfen.
- Wir haben uns vor der Arbeit gedrückt.

Was könnte der Grund für Evas und Jakobs Freude sein?
- Male die Sprechblase grün aus, die deiner Meinung nach den Grund trifft.
- Male die Sprechblase rot aus, die bestimmt nicht zutrifft.

Vergleicht eure Ergebnisse und begründet die Wahl.

- -
(Abschnitt wegklappen)

Eva und Jakob freuen sich so, weil sie richtig gut geholfen haben.

Schreibe zu dieser Situation eine kurze Geschichte.

So haben Eva und Jakob jemandem geholfen:

Überlege, warum Helfen Freude macht.

Winfried Röser: Ethik – 2. Klasse
© Persen Verlag

V. Die kleinen menschlichen Schwächen (1)

Ist Schwindeln schlimm?

Jasmin möchte so gerne in den Freizeitpark „Gummiball".
Ihre Mutter hat keine Lust.
Sie erzählt ihrer Mutter, dass Laura auch dort ist.
Mutter lässt sich überreden und die beiden fahren zum „Gummiball".
Aber Laura kommt nicht.

Spielt, wie Jasmin die Mutter überreden möchte.

Warum kommt Laura wohl nicht? Sammle Ideen:

Den Grund für das Fernbleiben findest du heraus, wenn du jeden
2. Buchstaben durchstreichst und die Sätze nochmals liest!

> Srize lwiajrtekn ngöapr wnsiycahct hvtegrjaäburoeadxedt.
> Jrawsqmbihn khlaut egretswcahüwriendderlzt.

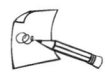

Schreibe auf einen kleinen Zettel, was du davon hältst.

Bespreche mit einem Partner:
- Was sind eure Meinungen dazu?
- Versucht eine gemeinsame Meinung zu finden und tragt diese der Klasse vor.

Manche Menschen, auch Kinder, sagen oft nicht die ganze Wahrheit.
Man nennt dies auch Flunkern, Schwindeln, Mogeln oder Schummeln.

Male grün, wann Flunkern für dich erlaubt ist.
Male rot, wann Flunkern ganz schlecht ist.

Ich gehe zu meinem Freund Computer spielen. Meiner Mutter habe ich gesagt, dass ich auf dem Spielplatz bin.
Mein Freund möchte mich mit zum Badesee nehmen. Ich sage, dass ich schwimmen kann, obwohl es nicht stimmt.
Ich habe die Hausaufgaben nicht gemacht. Ich behaupte in der Schule, dass ich am Nachmittag krank war.
Ich sage Oma, dass ich sie gerne besuche. Eigentlich stimmt das nicht.
Ich bettele um eine neue Federtasche und sage Mutter, dass jeder in der Klasse so eine Federtasche hat.

Erzähle, wann du schon einmal geschwindelt hast.

Winfried Röser: Ethik – 2. Klasse
© Persen Verlag

V. Die kleinen menschlichen Schwächen (2)

Lügen lohnt sich nicht

> Gerry hat in der Wohnung mit seinem neuen Ball gespielt. Dabei ist Mutters liebste Blumenvase zu Bruch gegangen. Gerry hat alles wieder aufgeräumt, aber die Blumenvase konnte er nicht wieder zusammenkleben.

> Mutter wird schimpfen. Ich bekomme eine Strafe. Ich sage einfach, dass es Tobi war, der die Vase umgeworfen hat.

Spielt in der Klasse, wie Garry der Mutter von dem Unglück erzählt.
- Wie wird Mutter wohl reagieren?
- Findest du, dass sich Garry richtig verhält?

(Abschnitt wegklappen)

> So geht es weiter:
> Mutter sieht sofort, dass die Blumenvase fehlt. Garry beginnt zu erzählen. Er stottert ein wenig und seine Ohren werden feuerrot. Mutter hört es sich ruhig an. Dann sagt sie nur: „Garry, du sagst nicht die Wahrheit, lüge mich nicht an. Wer war es wirklich?"

Besprich mit einem Partner:
- Woran hat die Mutter gemerkt, dass Garry lügt?
- Meinst du, dass die Lüge schlimm ist?
- Wem schadet Garry mit seiner Lüge?

> Garry wird richtig schlecht. Aber er behauptet nochmals, dass es Tobi war. Jetzt wird die Mutter ärgerlich und sagt traurig zu Garry: „Wenn du jetzt immer noch lügst, was soll ich dir dann noch glauben?"

Besprich mit einem Partner:
- Warum ist Mutter ärgerlich und traurig zugleich?
- Was meint sie mit dem letzten Satz?

V. Die kleinen menschlichen Schwächen (3)

Sprichwörter über Lügen

| Lügen haben kurze Beine. | Eine Lüge schleppt 10 andere nach sich. | Wer einmal lügt, dem glaubt man nicht. | Wer lügt, der stiehlt auch. |

In den Puzzleteilen findest du 4 Sprichwörter.
Überlege, was jedes Sprichwort bedeuten könnte.

In den Puzzleteilen ganz unten findest du die Bedeutungen der Sprichwörter. Schneide sie aus und ordne sie den Sprichwörtern zu. Wenn sie passen, klebe sie auf.

Suche dir ein Sprichwort aus und erfinde eine kurze Geschichte aus dem Alltag dazu:

_____
_____
_____
_____
_____

Stellt zu jedem Sprichwort eine Geschichte vor.

| Wer lügt, der macht bestimmt auch noch Schlimmeres. | Wer einmal gelogen hat, dem kann man nicht mehr vertrauen. | Mit Lügen kommt man nicht weit. | Nach einer Lüge folgen oft viele andere Lügen nach. |

Winfried Röser: Ethik – 2. Klasse
© Persen Verlag

V. Die kleinen menschlichen Schwächen (4)

Tim hat gestohlen

> Wo kommt die Taucherbrille in deinem Spielzeugkasten her? Tim, wer hat sie dir gegeben oder ...?

> Oh je, Mama hat es gemerkt. Was sage ich nun?

Was soll Tim jetzt machen?
Er hat die Taucherbrille einfach mitgenommen, als er bei Tommy zum Spielen war.

Arbeite mit einem Partner:
- Erzählt über das Bild.
- Was könnte die Mutter weiter fragen?
- Was soll Tim antworten?
- Spielt mehrere Möglichkeiten durch.

Besprecht im Stuhlkreis:
- Tim hat etwas mitgenommen, das ihm nicht gehört. Er hat gestohlen.
- Ist Stehlen eigentlich schlimm?

Warum sagt man: Du darfst nicht stehlen!?
Schreibe auf, was dir dazu einfällt:

Du darfst nicht stehlen!

Besprecht im Stuhlkreis:
Was wäre, wenn Stehlen erlaubt wäre?

V. Die kleinen menschlichen Schwächen (5)

Helen ist eifersüchtig

Eine Geschichte ohne Ende?

> Helen ist 9 Jahre alt. Sie hat einen jüngeren Bruder Kevin. Die beiden verstehen sich gut. Kevin hat von Oma und Opa eine Kamera bekommen. Diese macht nicht nur Bilder, sondern bietet auch Videos und Spiele an. Helen hat einen Gutschein für 10 Reitstunden erhalten. Als Kevin alles fotografiert, wird Helen eifersüchtig.

Arbeite mit einem Partner:
- Warum wird Helen eifersüchtig.
- Wie könnte sich ihre Eifersucht zeigen?
- Spielt, wie sich die beiden verhalten könnten.

> So geht es weiter:
> Als Kevin zur Toilette geht, legt er die Kamera auf den Schrank. Helen nimmt die Kamera und versteckt sie in ihrem Zimmer. Kevin kommt zurück und sucht seinen Apparat. Helen sitzt gespannt auf der Wohnzimmercouch.

Arbeite wieder mit deinem Partner:
- Was wird Kevin unternehmen?
- Wie wird Helen reagieren?
- Spielt auch hier mehrere Möglichkeiten durch.

> Opa wird ärgerlich. Er sagt, wenn die Kamera nicht wieder auftaucht, nimmt er Helens Gutschein wieder mit. Da verrät Helen das Versteck. Kevin ist glücklich. Helen ist immer noch sehr beleidigt. Sie spricht kaum und möchte auch keinen Kuchen essen. Später geht sie motzend in ihr Zimmer zurück.

Erzählt im Stuhlkreis:
- Findet ihr das Verhalten von Helen verständlich?
- Was hat Helen damit erreicht?
- Was kann geschehen, wenn Opa und Oma wieder fort sind?
- Was werden Vater und Mutter dann tun?
- Wart ihr auch schon einmal eifersüchtig?

V. Die kleinen menschlichen Schwächen (6)

Eifersucht schadet

Ordne die Gründe für Eifersucht in die Tabelle ein.
Findest du selbst noch andere Gründe? Schreibe sie auf.

> *Spielsachen   Urlaub   eigenes Zimmer   ein neues Auto*
> *auf ein schönes Haus   Markenkleidung   Zuwendung durch die Eltern*
> *Lottogewinn   ein Haustier   eine gute Arbeitsstelle*
> *Kinder   ein neues Handy*

Kinder können eifersüchtig sein auf:	Erwachsene können eifersüchtig sein auf:

Felix ist eifersüchtig auf Bruno.
Jasmin ist eifersüchtig auf Eva.
Wie zeigt sich Eifersucht? Kreuze an und erkläre

☐ Felix spricht schlecht über Bruno.
☐ Felix kann Bruno nicht leiden.
☐ Felix freut sich mit Bruno über den Erfolg.
☐ Felix lädt Bruno ein.
☐ Felix beleidigt Bruno.
☐ Felix lässt Bruno links liegen.
☐ Jasmin trifft sich mit Eva.
☐ Jasmin spricht schlecht über Eva.
☐ Jasmin geht nicht ans Telefon, wenn Eva anruft.
☐ Jasmin bietet Eva ihre Hilfe an.
☐ Jasmin schaut weg, wenn sie Eva sieht.
☐ Jasmin gibt Eva keine richtige Antwort.

V. Die kleinen menschlichen Schwächen (7)

Eifersucht überwinden

> Uwe hat seit 2 Tagen einen kleinen Hund. Das ist gemein! Max will mit so einem Freund nichts mehr zu tun haben.

Besprich mit einem Partner:
Warum reagiert Max wohl so?

> Max ärgert sich über sich selbst. Er ist eifersüchtig auf Uwe. Auch er hätte gerne einen Hund. Darum hat er Uwe als Angeber bezeichnet und ihn einfach stehen lassen. Doch Max will Uwe als Freund behalten. Außerdem findet er den kleinen Hund süß. Er würde gerne zusammen mit Uwe und dem Hund spielen gehen.

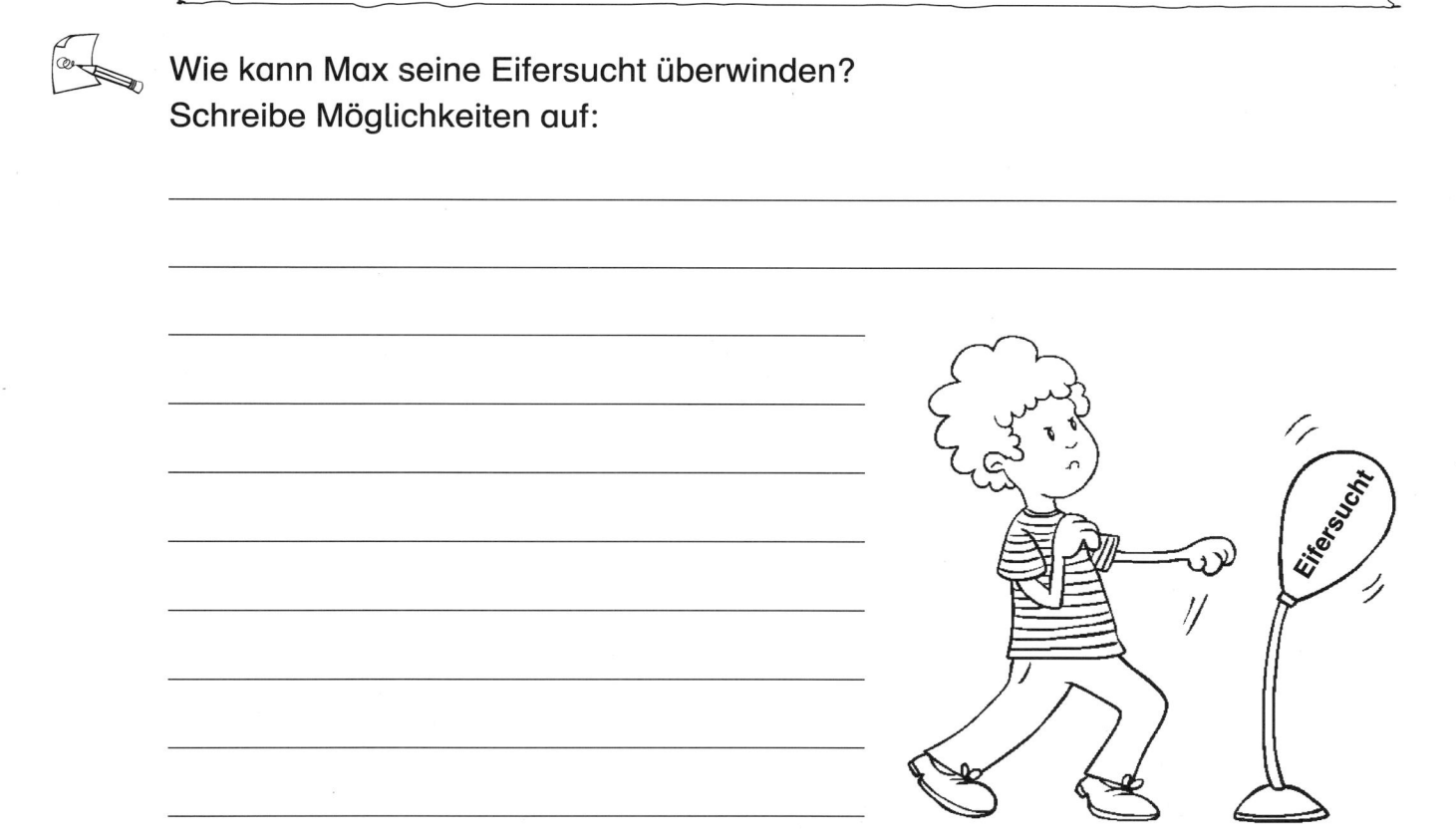

Wie kann Max seine Eifersucht überwinden?
Schreibe Möglichkeiten auf:

_____

_____

_____

_____

_____

_____

_____

_____

Sprecht im Stuhlkreis:
- Was macht Max auf dem Bild?
- Spielt die Szene.
- Warum ist es wichtig, gegen Eifersucht zu kämpfen?

V. Die kleinen menschlichen Schwächen (8)

Auf Sabrina ist Verlass

> Mutti bekommt Besuch. Sabrina soll extra dafür ihr Zimmer aufräumen. Als Mutti ihren Besuch durch das Haus führt, kommen beide auch in Sabrinas Zimmer. Die Mutter öffnet die Türe und …

Überlege:
- Was ist wohl passiert, wenn Mutter froh ist?
- Was ist wohl passiert, wenn Mutter traurig ist?

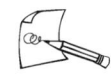

Schreibe in die Sprechblasen, was die Mutter jeweils sagen könnte.

Als der Besuch weg ist und Sabrina vom Spielen zurück kommt, nimmt Mutter sie in den Arm und sagt: „Auf dich kann man sich verlassen!"

Besprich mit einem Partner:
- Was meint die Mutter mit dieser Aussage?
- Was hat Sabrina also gemacht?
- Wie ist das mit dir? Bist du auch zuverlässig?

Darauf kann man sich bei mir verlassen:

In diesen Dingen bin ich eher unzuverlässig:

Winfried Röser: Ethik – 2. Klasse
© Persen Verlag

VI. Staunen über die Natur (1)

Die Natur ist schön

> Stell dir vor, du liegst auf einer Luftmatratze an einem Ort in der Natur, an dem es dir besonders gut gefällt, am Strand, auf einer Wiese, im Wald oder …
>
> Schließe die Augen, entspanne dich, vielleicht mit leiser Musik, lehne dich zurück oder lege den Kopf auf deinen Arm, lass eine kurze Zeit verstreichen und präge dir die Bilder ein, die du gerade vor Augen hast.

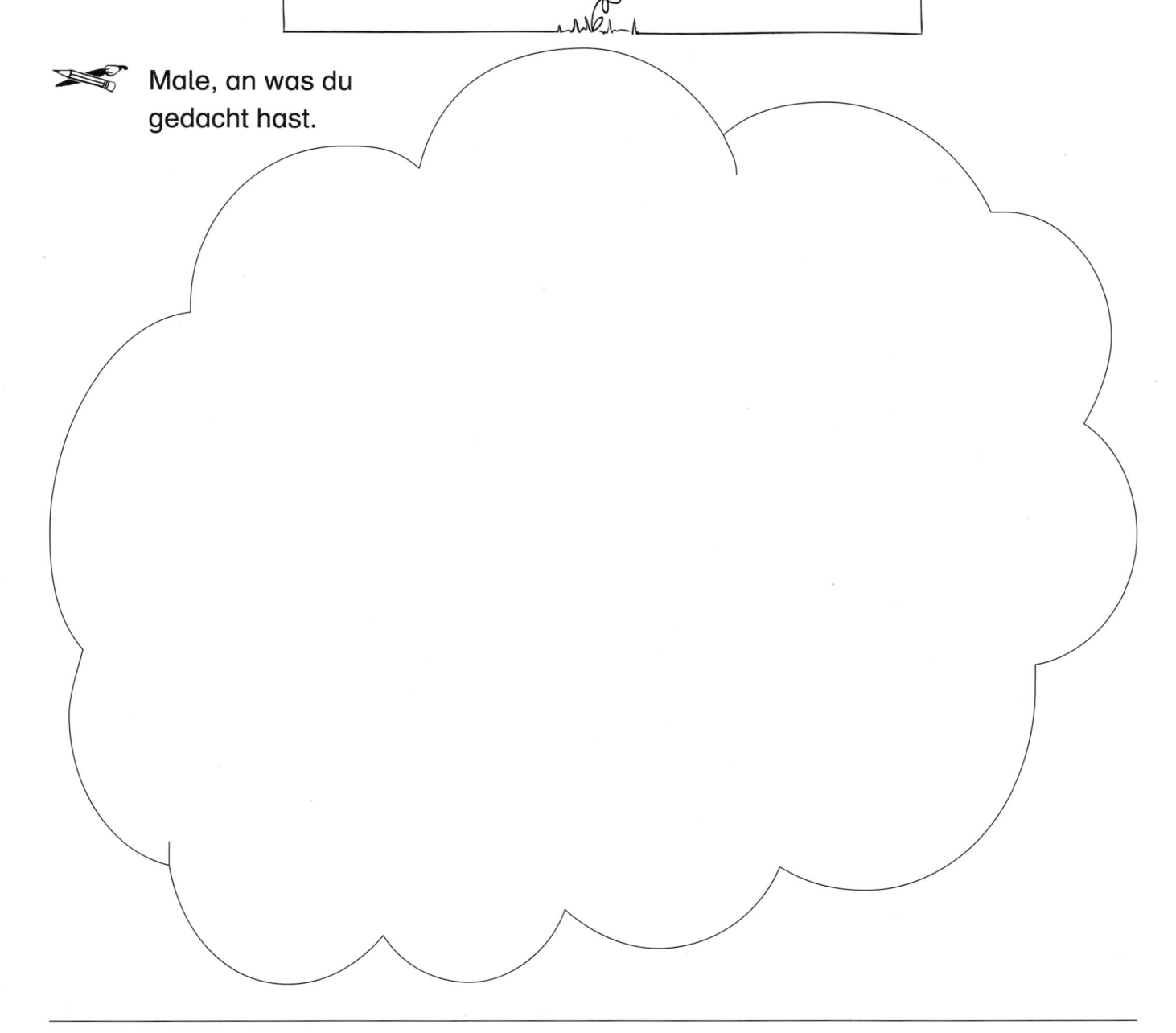

Male, an was du gedacht hast.

VI. Staunen über die Natur (2)

Was gehört alles zur Natur?

> Sonne   Regenbogen   Katze   Schmetterling   Wiese
> Wildschwein   Fliederstrauch   Dünen   Felsen   Flugzeug
> Autobahn   Feldweg   Apfelbaum   Farnkraut   Wärme
> Käfer   Schnee   Vergissmeinnicht   Schaufel   Bach   Uhu

✏️ Was gehört alles zur Natur?
Unterstreiche die **Pflanzen** grün, die **Tiere** braun, die **Wetterereignisse** gelb und die **Landschaften** rot.
Was gehört nicht zur Natur? Streiche es durch.

📝 Trage die Dinge, die zur Natur passen in die Tabelle ein.
Schreibe jeweils 3 weitere Beispiele auf.

Pflanzen	Tiere	Wetter	Landschaft

💬 Besprecht im Stuhlkreis:
- Man kann die Natur auch in lebende oder tote Natur einteilen.
  Was ist lebende und was ist tote Natur? Sucht Beispiele aus der Tabelle.
- Gehört der Mensch auch zur Natur?

VI. Staunen über die Natur (3)

Natur kann auch schlimm sein

Georgs Vater ist mit seinem Auto bei Glatteis in den Graben gerutscht.	Heiner liegt im Krankenhaus. Er ist von einer Zecke gebissen worden.
Mike verkriecht sich in sein Zimmer. Es donnert und blitzt. Er hat Angst.	Susi weint, sie hat in eine Brennnessel gefasst.

Von welchem Naturereignis wird jeweils berichtet? Finde eine Überschrift.

Überlege:
- Warum sind die vier Beispiele schlimm?
- War die Natur für dich auch schon einmal schlimm?
- Schreibe dazu einige Stichworte auf.

_____
_____

Arbeite mit einem Partner:
- Beschreibt, was auf dem Bild zu sehen ist.
- Gebt dem Bild eine Überschrift.
- Warum ist dieses Naturereignis schlimm?
- Erzählt dazu.

Sucht Bilder von schlimmen Naturereignissen und gestaltet damit eine große Wandtafel in der Klasse.

© Gina Sanders – Fotolia.com

VI. Staunen über die Natur (4)

Wir schädigen die Natur

Sven hat die Aufgabe, im Park zu beobachten, wie Menschen mit der Natur umgehen. Auf einem Zettel schreibt er auf, was er sieht:

> Ein Junge pflückt einen Strauß Blumen.
> Ein junger Mann wirft seine leere Chipstüte ins Gebüsch.
> Ein Kind läuft durch frisch eingepflanzte Blumenbeete.
> Ein Mädchen jagt Schmetterlinge und tritt Käfer tot.
> Ein Kind reißt einfach Blumen aus und lässt sie liegen.
> Ein Mann kurvt immer wieder mit seinem Mofa über den Weg.
> Eine Oma füttert die Enten im Teich.
> Eine Frau lässt den Hund auf die Wiese machen.

Arbeite mit einem Partner:
- Erzählt, was Sven alles beobachtet hat.
- Fällt euch dabei etwas auf?
- Warum verhalten sich Kinder oder Erwachsenen so?

Stell dir vor, Sven hätte nur Gutes aufgeschrieben.
Fällt dir dazu etwas ein? Notiere auf dem Zettel:

Fallen dir noch mehr Orte ein, wo Menschen der Natur schaden?

| bei dir zu Hause | in der Schule | auf dem Spielplatz |

Entscheide dich für einen Ort und schreibe einen Beobachtungszettel für die nächste Stunde.

VI. Staunen über die Natur (5)

Naturschutz als Streitthema?

- Spielen ist wichtiger als Naturschutz.
- Wir brauchen die Wiese zum Ballspiel. Hier kann man richtig gut bolzen.
- Die Tiere stört das Ballspiel nicht. Dann holen wir den Ball aus dem Teich.

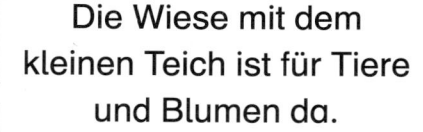

- Die Wiese mit dem kleinen Teich ist für Tiere und Blumen da.
- Dies ist eine Ruhezone.
- Wenn der Ball in den Teich fliegt?
- Ihr tretet Blumen um und verscheucht die Tiere.

> Paul und Petra streiten sich.
> Paul will auf dem Wiesengelände mit seinen Freunden herumtoben und Fußball spielen. Petra möchte mit ihren Freundinnen in Ruhe Pflanzen und Tiere beobachten.

Besprecht im Stuhlkreis:
- Wie könnte das Streitgespräch abgelaufen sein? Spielt es nach.
- Wer hat die besseren Argumente?
- Was geschieht, wenn die Jungen Ball spielen?
- Was passiert, wenn die Mädchen die Natur beobachten?
- Wer ist der besser Naturschützer, Paul oder Petra?

Da die beiden sich nicht einigen können, fragen sie ihre Eltern:
Was ist wichtiger, die Natur schützen oder mit dem Ball spielen?
Die Eltern antworten:

- Ball soll man da spielen, wo man keinen stört, weder Menschen noch Tiere, z. B. auf dem Bolzplatz oder weiter weg vom Teichgelände.

- Beides ist gleich wichtig. Es muss Orte geben, wo die Natur sich in Ruhe entwickeln kann. Deshalb sollte man das Gelände am Teich meiden.

VI. Staunen über die Natur (6)

Wir sammeln Müll

> Die 2. Klasse plant eine Aktion zum Naturschutz:
>
> **Sie reinigen das Schulgelände mit dem Waldgebiet und sammeln den gefundenen Müll in großen Säcken.**
> **Anschließend kippen sie alles in einen großen Behälter.**

Male in den Behälter, was die Schüler bei ihrer Sammelaktion gefunden haben können:

Sortiere den Müll in die richtigen Abfalltonnen ein.

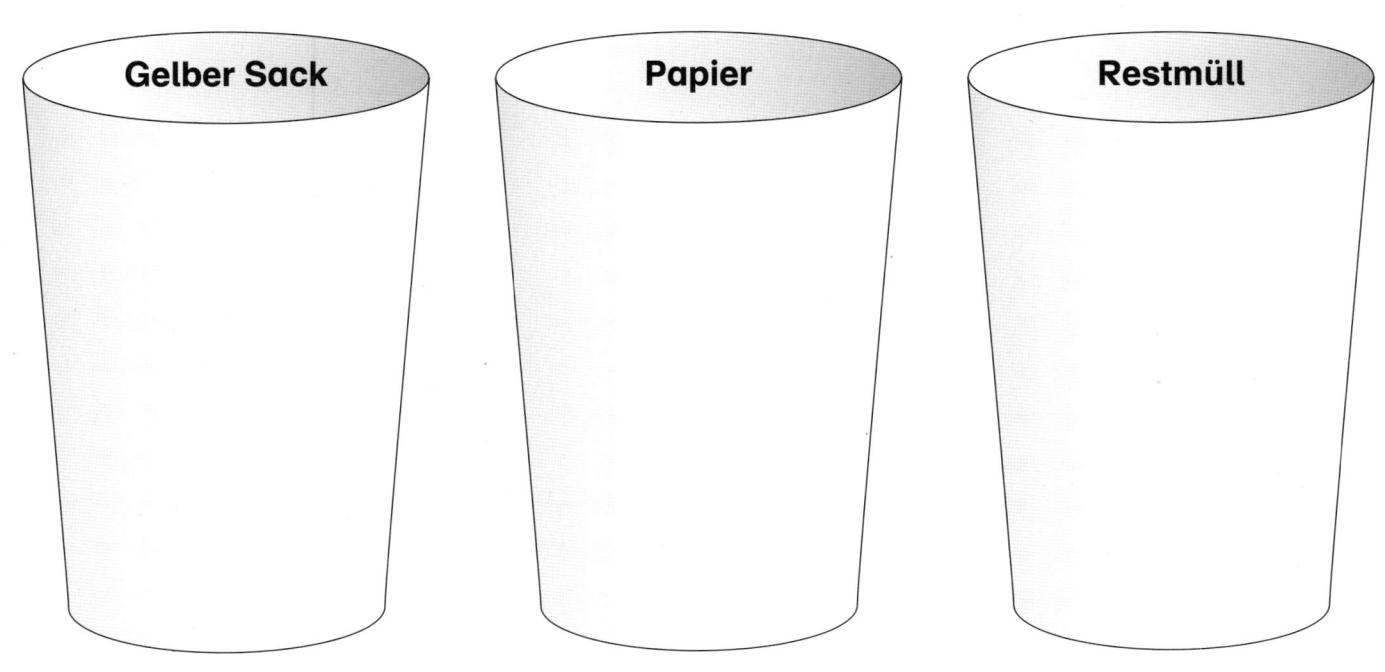

Gelber Sack   **Papier**   **Restmüll**

Sammelt selber mit der Klasse Müll auf dem Schulhof / auf dem Schulweg / im Park.

Winfried Röser: Ethik – 2. Klasse
© Persen Verlag

VI. Staunen über die Natur (7)

Wir helfen der Natur

Helmo spielt im Garten. Trotzdem lässt er den Fernseher in seinem Zimmer laufen.

Tina wäscht sich am liebsten, wenn die Badewanne bis zum Rand mit warmem Wasser gefüllt ist.

Keine Gewalt gegen die Natur!

Sprecht im Stuhlkreis:
- Äußert euch zu den beiden Situationen.
- Warum kann man hier von Gewalt gegen die Natur sprechen?

10 Gebote – auch schon für Kinder

- Holzstifte statt Gelschreiber
- Frisches Obst statt Fast-Food
- Stofftasche statt Plastikbeutel
- Fahrrad statt Auto
- Heft voll schreiben statt Papier zerknüllen
- Spielen statt fernsehen
- Duschen statt lange baden
- Elektrogeräte ausschalten
- Abfälle richtig sortieren
- Sichere Spielsachen

Arbeitet in einer Gruppe:
- Formuliert aus den Stichworten ganze Sätze und schreibt diese auf ein großes Plakat.
- Malt das Plakat farbig aus und sucht passende Bilder dazu.
- Begründet bei jedem Gebot, warum ihr so der Natur helft.
- Ergänzt selbst weitere Gebote, die helfen, unsere Natur zu schützen.

Nimm dir mindestens ein Gebot vor, das du selber noch besser beachten kannst. Erzähle in der nächsten Stunde, ob es geklappt hat.

VI. Staunen über die Natur (8)

Wunschzettel der Natur

📖 Zu Weihnachten oder zum Geburtstag schreiben Kinder oft ihre Wünsche auf einen besonderen Zettel:

Liebes Christkind,

Einen Wunschzettel zu schreiben, hat jetzt auch die Natur beschlossen. Diesen Wunschzettel schickt sie an euch Kinder und hofft, dass möglichst viele Wünsche erfüllt werden können.

🗨 Arbeite mit einem Partner:
Gestaltet diesen Wunschzettel der Natur. Schreibt oder malt, was sich die Natur von euch wünscht:

Liebe Kinder der Klasse _____